AF454215

FACULTÉ DES LETTRES DE PARIS

HISTOIRE DU MOYEN AGE

LEÇON D'OUVERTURE

DE M. LE PROFESSEUR LUCHAIRE

(10 JANVIER 1890).

FACULTÉ DES LETTRES

DE PARIS

HISTOIRE DU MOYEN AGE

LEÇON D'OUVERTURE

de M. le Professeur Luchaire

(10 JANVIER 1890).

Messieurs,

En me désignant à M. le Ministre de l'Instruction publique pour occuper la chaire d'histoire du moyen âge, mes collègues de la Faculté des Lettres m'ont donné un témoignage d'estime et de confiance dont je sens tout le prix. Je les remercie d'avoir bien voulu oublier que j'étais encore parmi eux presque un nouveau venu. Mais ils me permettront, j'en suis sûr, de garder une part de ma reconnaissance pour le maître éminent en faveur de qui cette chaire a été fondée. Lui-même m'avait invité, l'année dernière, à y tenir provisoirement sa place, honneur très grand pour moi, qui m'en a valu récemment un plus grand encore. Vous savez quel malheur a mis fin à ce provisoire : comment M. Fustel de Coulanges a été prématurément enlevé à la science, à l'amitié de ses collègues et de ses élèves, à l'admiration des savants et des lettrés de tous les pays.

Par son triple mérite de professeur, d'écrivain et de savant, par la profonde originalité de ses ouvrages, par l'éclat de sa réputation,

devenue universelle, il était, sans contestation possible, le chef de notre école d'érudition historique. Ceux-là même que le charme si persuasif de sa parole ou de son style n'avait pu convertir à toutes ses doctrines, n'ont jamais cessé de s'incliner devant la supériorité de son talent. La disparition d'un tel homme laisse un vide dont il est difficile de mesurer exactement l'étendue. Nous perdons M. Fustel de Coulanges au moment où cet esprit d'élite, qui, pendant si longtemps, sembla craindre de se prodiguer, commençait à donner la preuve de sa fécondité et d'une rapidité de travail dont ses œuvres, toujours achevées, ne portent cependant pas la marque. Il nous est enlevé en pleine période de production, alors qu'il allait enfin nous faire bénéficier de ses immenses recherches sur les origines du régime féodal, alors qu'il se disposait à nous livrer le mot de la plus obscure et irritante énigme qui fût jamais. Trois ouvrages considérables, publiés en quatre ans, le dernier, quelques jours à peine après sa fin ; trois autres livres en préparation, que ses élèves ont promis de terminer : tels sont les gages irrécusables d'une activité étonnante, d'une vigueur d'esprit que la maladie n'entamait pas, qui semblait même puiser un nouvel essor dans la souffrance. La mort seule a pu arrêter cet infatigable ; et ce n'est pas employer ici une formule banale que de dire qu'elle a brisé sa plume entre ses doigts. Si dure que la mort soit toujours, jamais elle n'a paru plus cruelle et plus inopportune, je ne dis pas seulement à ses proches et à ses amis, mais à tous ceux qui aiment l'histoire, à tous ceux qui ont le souci de la grandeur littéraire et scientifique de notre pays.

A mon grand regret, Messieurs, j'ai peu connu M. Fustel de Coulanges (je parle de l'homme, cela va de soi). Je n'ai été ni son élève, ni, à proprement parler, son ami, et je ne suis devenu son collègue qu'à l'époque où le mal dont il souffrait, commençait déjà à l'éloigner de l'enseignement public et de la Sorbonne. Je n'aurais donc pas l'autorité nécessaire pour vous parler dignement de sa vie privée. D'autres vous diront qu'il a été, dans toute la force du terme, un homme de bien, froid et réservé à la surface, au fond serviable pour tous, dévoué avec ténacité à ceux qu'il aimait, aussi bienveillant pour les personnes qu'il était peu indulgent parfois pour les doctrines. D'autres sauront mieux que moi faire ressortir la grandeur de cette existence simple, modeste, unie, passée tout entière, avec sérénité, au milieu des livres, dans une retraite volontaire, que les bruits du monde atteignaient à peine et ne troublèrent jamais. Absorbé dans ses idées et dans ses recherches, M. Fustel de Coulanges ne sortit qu'une fois de son domaine spéculatif pour remplir une fonction administrative, celle de Directeur de l'École normale supérieure. Il l'accepta, parce qu'elle était, je ne dis pas difficile, mais délicate, et qu'il y trouvait l'occasion de se dévouer, sous une autre forme, à cette grande cause de l'enseignement scientifique, qui resta l'occupation dominante de sa pensée. Il fut, comme administrateur, ce qu'il était comme historien : exact, infatigable, soucieux du détail autant que de l'ensemble, consciencieux jusqu'au scrupule, jusqu'à l'inquiétude, si exclusivement attaché à sa besogne qu'il ne tarda pas à s'apercevoir qu'elle le prenait tout entier. Du moment qu'il fallut choisir, il n'hésita pas : au bout de trois ans, il revint à son enseignement, à ses chères études, à cette vie de spéculation laborieuse qui était sa vraie destinée. On sait ce qu'elle a produit, on devine ce qu'elle aurait donné encore si elle n'eût été interrompue avant le terme normal. M. Fustel de Coulanges restera pour nous l'idéal de l'homme d'étude ; il a vécu avec la simplicité et la candeur, je dirai presque, d'un autre âge, pour la science et par la science. Ce fut un sage, doublé d'un Bénédictin.

Il nous laisse, d'ailleurs, autre chose que l'exemple de sa vie. Le souvenir de son enseignement ne périra pas, tant que dureront l'École normale et la Sorbonne. Ses livres ne cesseront d'apprendre aux générations futures quelle place il a tenue dans ce siècle, comme écrivain et comme savant.

A peine ai-je besoin de rappeler à ceux qui m'écoutent que M. Fustel de Coulanges fut un professeur incomparable. Il avait, au plus haut degré, le don et l'amour de l'enseignement : le don, car il possédait naturellement les qualités maîtresses de la parole, la facilité, l'élégance, la précision ; l'amour, parce que, malgré sa froideur apparente et sa rigidité de logicien, il était cependant, à sa manière, un passionné. Il n'avait qu'une passion, mais profonde et intense, celle de la vérité.

On dira qu'elle est partagée par tous les historiens, que leur fonction propre est de poursuivre le vrai, comme leur but et leur plaisir est de le posséder. Mais cette ardeur professionnelle est parfois tempérée, chez eux, par le sentiment de leur impuissance à atteindre l'objet de leur désir, ou, quand ils pensent l'avoir atteint, par la crainte de ne tenir qu'une vérité subjective, provisoire, fragile, incapable de résister à l'action du temps et au progrès même de la science. Cette appréhension, assez légitime, n'arrive pas à nous décourager ni à paralyser nos efforts ; mais elle nous laisse timides et presque anxieux jusque dans les plus vives jouissances de l'esprit : elle diminue toujours, quoi que nous fassions, la joie et l'orgueil de nos victoires. C'est le *Memento quia pulvis es* de l'historien.

La nature d'esprit de M. Fustel de Coulanges l'a mis le plus souvent à l'abri de ces inquiétudes et de ces défaillances. Il fut toute sa vie un convaincu, un croyant. Ce mot peut sembler étrange, appliqué à l'homme qui ne cessa d'ériger en principe la défiance des opinions d'autrui, à celui qui fit de la critique historique l'arme pénétrante et redoutable que vous savez. Mais, s'il se montrait plus que sceptique à l'égard de ce qu'on avait dit et imprimé avant lui, il s'attachait avec la conviction la plus entière, la plus inébranlable, au résultat de ses propres investigations. Fort de la puissance de sa dialectique et de la sincérité indéniable de sa méthode, une fois qu'il croyait avoir débarrassé la vérité des voiles et des travestissements dont une fausse érudition l'avait obscurcie, il ne pouvait concevoir qu'on doutât d'elle, ni même qu'on la vît autrement que lui. Il déployait alors, à la faire pénétrer dans les esprits, une ardeur tenace, entraînante, irrésistible, qui, au fond, n'admettait pas l'objection, encore moins la contradiction. C'était une confiance absolue, une ferveur d'apôtre. Il s'irritait des résistances non par orgueil, mais par indignation contre ceux qui fermaient les yeux à la lumière. L'originalité de M. Fustel consista précisément dans l'alliance de deux qualités qui semblent se contredire et s'exclure : l'esprit critique et la foi.

Jamais professeur ne sut mieux imposer ses convictions à son auditoire. Ce n'est pas seulement parce que le talent d'exposition était chez lui hors de pair, mais parce que, sous la sobriété un peu sèche de son langage, on sentait la chaleur concentrée, l'émotion vibrante et communicative du penseur qui veut faire passer dans les âmes la vérité dont il est plein. Voilà pourquoi, Messieurs, sur les sujets les plus sérieux et les plus difficiles, avec des expressions d'une simplicité extrême, sans images, sans aucun procédé déclamatoire, sans même que sa voix parût s'élever au-dessus du ton ordinaire, M. Fustel de Coulanges arrivait naturellement à l'éloquence. Éloquence du genre tempéré, sans doute, celle qui convient au professeur, mais séduisante et persuasive au dernier point, faite pour charmer l'auditeur de passage, comme pour laisser une vive et durable impression sur l'esprit du véritable étudiant.

On a dit souvent qu'il n'y a point d'enseignement fécond sans dogmatisme. Le dogmatisme de M. Fustel était si bien dissimulé d'ordinaire sous les formes de la recherche analytique, si insinuant, et peut-être si inconscient, qu'il était difficile de s'en défendre. Il pénétrait profondément et du premier coup les jeunes intelligences auxquelles il s'adressait. L'idéal du professeur, j'entends de celui qui est un savant et veut exercer autour de lui une action profitable au progrès de la science, c'est de former le plus grand nombre possible d'esprits capables de recevoir et de communiquer aux autres sa tradition. L'influence dont il jouit personnellement, la part qu'il prend à la recherche et à la découverte de la vérité, l'utilité de ses propres travaux, se trouvent grandies et décuplées par les efforts de ceux qui étudient sous sa direction. Rien n'est donc plus désirable que de *faire école*; mais rien n'est plus difficile, ni plus rare, en France surtout, où la jeunesse est primesautière, amoureuse de liberté, peu disposée, de sa nature, à se laisser enrégimenter et caserner dans un coin du champ scientifique. De ce côté-ci des Vosges, nous ne sommes pas encore bien habitués à la rigoureuse discipline qui organise en ruche d'abeilles chacun des domaines de la pensée. Nous connaissons peu jusqu'à présent le vrai séminaire historique, cet atelier d'exploitation laborieuse et réglée, où les jeunes érudits travaillent docilement, sous l'œil du maître qui a marqué les places et distribué les occupations. Faut-il le regretter beaucoup? la question est controversable. Le tempérament national est un fait qui ne se discute pas. Ce qu'on peut affirmer, c'est que M. Fustel de Coulanges a été du petit nombre de ces professeurs privilégiés qui ont réussi à former des élèves. Mais il a fait école à la française, dans la meilleure acception du mot, sans qu'il en ait rien coûté aux qualités d'esprit de ceux qui recevaient son enseignement. Il exerçait sur ses disciples une autorité peu commune, mais qui vivifiait les intelligences, au lieu de les éteindre, et les assouplissait sans les comprimer. On subissait profondément son influence, mais, en somme, on restait toujours libre d'agir, de se mouvoir, et de choisir sa direction.

Ainsi M. Fustel de Coulanges a été un admirable directeur d'études. Évaluer, dès à présent, les résultats de son enseignement, serait impossible: à peine cessons-nous d'entendre les derniers échos de cette parole féconde. Beaucoup de ses auditeurs de l'École normale, et surtout de la Sorbonne, sont trop jeunes encore pour avoir pu donner ce qu'ils promettaient; mais la semence est en pleine floraison, et la moisson est assurée. Le présent suffirait, d'ailleurs, à nous faire préjuger l'avenir. Plusieurs des élèves de M. Fustel occupent des chaires importantes dans nos grandes Facultés de province: il en est qui enseignent déjà ici-même, et dont le talent vous est connu. Des livres distingués ont paru, remarquables par l'étendue des recherches et la précision du détail, comme par la nouveauté des aperçus et les qualités de la forme. On y voit revivre la méthode du maître, ses procédés de subtile et ingénieuse analyse, sa défiance de l'érudition d'autrui, son amour exclusif des textes et jusqu'aux caractères de son style. En effet (c'est là encore un des traits originaux de ce merveilleux tempérament de professeur et de savant) M. Fustel de Coulanges marquait ses élèves d'une empreinte qui ne s'effaçait plus, et les rendait reconnaissables entre tous. Il les façonnait à son image. Après tout, Messieurs, qui oserait s'en plaindre, et que pouvait-il faire de mieux ?

De même que M. Fustel atteignait l'éloquence sans le savoir et, à coup sûr, sans le vouloir, car il s'indignait contre ceux qui le « traitaient » d'éloquent ; de même on peut dire qu'il fut grand écrivain malgré lui. Il n'admettait pas qu'on louât son style, ni la belle ordonnance de ses livres, craignant qu'on ne vantât l'artiste, aux dépens de l'érudit et de l'historien. On n'osait pas lui déclarer ce qu'on pensait à cet égard de lui et de son œuvre, et je regretterai toujours de l'avoir inconsciemment contrarié deux fois : un jour où je lui parlai des critiques qui comparaient son style à celui de Montesquieu ; un autre jour où je lui rapportai la conversation que j'avais eue avec un membre de l'Académie française, étonné de voir « qu'un écrivain hors ligne comme M. Fustel de Coulanges » (ce sont ses propres expressions) ne songeât pas à l'Académie. Maintenant qu'il n'est plus là, Messieurs, nous pouvons dire ce que nous pensons. Il n'y a pas deux façons d'apprécier le mérite littéraire de livres tels que *la Cité Antique* ou *la Monarchie franque*. Ce sont des chefs-d'œuvre de style et de composition. On ne sait ce qu'on y doit le plus admirer : l'harmonie générale ou la perfection du détail, la simplicité, la limpidité, la justesse, la vigueur d'une langue qui nous reporte au beau temps du dix-huitième siècle, ou l'enchaînement rigoureux des idées, la profondeur de l'analyse, l'art de rapprocher les menus faits et d'en former de lumineux faisceaux, le charme d'une pensée souvent originale et toujours claire. Un livre de Fustel de Coulanges donne l'impression du beau, comme un de ces temples grecs où la pureté des lignes, la netteté des contours, l'élégance sobre de la forme, s'allient si heureusement à la majesté de l'ensemble. Il avait, comme Montesquieu, la période brève et le mot incisif ; mais je comprends que la comparaison lui déplût, car il arrivait à la même puissance de style, sans efforts, sans recherche, sans apprêt. Pour tout dire en quelques lignes, si Augustin Thierry et Michelet ont su faire de l'histoire narrative un genre littéraire, dont ils restent encore les plus illustres représentants, Fustel de Coulanges aura réussi uniquement par l'histoire des institutions (tâche plus difficile et plus ingrate) à occuper, dans notre littérature, à côté d'eux, une place qui n'appartient qu'à lui.

Voilà un éloge significatif, Messieurs ; mais je ne pense pas que personne me reproche d'avoir exagéré. Chez M. Fustel, l'écrivain et l'artiste ont été, sans aucun doute, à la hauteur du professeur. L'opinion restera unanime sur ce point : il faut se demander si elle sera plus divisée quand il s'agira de juger le savant et l'historien.

Les personnalités comme la sienne ont à la fois l'honneur d'être admirées avec conviction et le désavantage d'être passionnément attaquées. Nous pouvons dire ici ce que personne n'ignore. M. Fustel a rencontré sur le terrain historique une assez vive opposition. On n'est pas impunément original et novateur. Les artistes sont réputés gens susceptibles, ombrageux, prompts à se cabrer ; mais les savants n'ont pas déjà l'humeur si commode, et je ne sais pas vraiment si l'on court plus de risques aujourd'hui à critiquer un poète qu'à malmener un érudit. S'attaquer aux systèmes historiques est le plus sûr moyen de s'aliéner ceux qui les ont faits. Tout le monde ne pardonnera pas à M. Fustel l'art consommé avec lequel il démolissait pièce à pièce, mot par mot, les doctrines en apparence les plus solidement édifiées. Comment pouvait-il plaire à ceux qu'il accusait d'avoir introduit l'imagination dans l'histoire et substitué la conjecture à la vérité, à ceux qu'il déclarait prendre en flagrant délit de témérité, d'hypothèses inconsistantes et d'interprétations fausses ? D'une part, il était suspect à cette catégorie d'érudits qui, absorbés dans l'infiniment petit de la recherche scientifique, ne veulent connaître de l'histoire que les matériaux avec lesquels on la construit. D'autre part, il n'était pas très apprécié d'un autre groupe de savants : ceux à qui il reprochait de s'arroger le monopole de l'interprétation des textes juridiques, et de tenir en défiance les simples historiens assez hardis pour s'aventurer sur le terrain du droit.

Ce ne sont donc pas les adversaires qui ont manqué à M. Fustel de Coulanges. Il en avait d'autant plus que son talent et sa réputation étaient plus en vue. Avouons, d'ailleurs, qu'il semait lui-même, en quelque sorte, les contradicteurs, par tous les chemins où il passait, puisqu'il n'hésita jamais à renverser les obstacles qui barraient sa marche et à se prendre corps à corps avec l'opinion établie. On ne peut dire pourtant qu'il aimât et recherchât la lutte ; mais elle ne l'effrayait pas. C'était un polémiste de taille à relever tous les défis, à soutenir, sans être intimidé, l'hostilité des individus et des écoles. La contradiction avait sur lui cet effet, qu'elle ancrait davantage sa conviction, au lieu de l'ébranler. Il a combattu, vous le savez, avec une vigueur et une ingéniosité extraordinaires, serré et pressant dans la discussion, toujours courtois, mais d'une politesse ironique, mordante, impitoyable, cent fois plus dangereuse que l'injure. Il criblait son adversaire de coups acérés et le tuait en détail. Certains savants ont pour principe de laisser passer la critique, au moins quand elle est malveillante de parti pris, et de n'y pas répondre. Ils se gardent surtout de discuter avec ces impuissants dont la spécialité consiste à chercher la paille dans l'œil d'autrui, et à discréditer les livres, pour se consoler de ne pouvoir en faire. M. Fustel s'est cru presque toujours obligé d'entrer en lice, quelle que fût la valeur de l'adversaire. Ce n'était pas sans une secrète amertume. L'obligation qu'il s'imposait ainsi, un peu gratuitement, jeta une ombre de tristesse sur la dernière partie de sa vie.

Messieurs, il y a des exagérations qui se réfutent d'elles-mêmes. Je ne dirai qu'un mot des personnes (elles sont rares, mais j'en connais) qui affectent de voir des œuvres d'art, et non des œuvres de science, dans les livres de Fustel de Coulanges. Elles ont apparemment l'idée préconçue qu'un écrivain de premier ordre ne saurait être un grand érudit. Il faut avouer cependant, si peu commun que soit le fait, que M. Fustel a été à la fois l'un et l'autre. Ceux qui refusent d'en convenir le connaissent mal, et l'on ne peut que leur souhaiter d'atteindre, dans la recherche historique, le même degré de patience, d'exactitude et de profondeur. N'insistons pas sur ce paradoxe ; tenons-nous en au jugement sérieux et motivé qui a été prononcé, peu temps après la mort de M. Fustel, sur la portée scientifique de son œuvre. Ce jugement émane d'un homme qui dirige avec une autorité égale à son talent notre plus importante revue d'histoire, d'un savant fort compétent lui-même en matière d'institutions mérovingiennes. Ceux qui ont lu, comme moi, cette magistrale appréciation, où des réserves assez nombreuses ne font que rehausser la sincérité de l'éloge, rendront hommage à l'impartialité du juge autant qu'à la mesure et au tact dont il a fait preuve. Il a professé pourtant, sur bien des points, des idées contraires à la doctrine du maître que nous regrettons ; mais il est de ceux dont la critique resta toujours en face de lui, profondément réservée et respectueuse. Son opinion a, pour nous, d'autant plus de poids, et j'estime qu'on pourra se contenter de souscrire à la plupart des jugements qu'il a portés sur chacun des livres de M. Fustel. Il les a caractérisés d'un trait rapide, mais avec tant de netteté et de justesse qu'on risquerait, en voulant refaire la même besogne, de répéter ce qu'il a dit.

Cependant, Messieurs, il est certains arrêts dont il sera permis, peut-être, de faire appel. Nos étudiants de la Sorbonne, ceux qui ont suivi les conférences de M. Fustel pendant les six dernières années, n'admettront pas facilement qu'on lui reproche d'avoir négligé de parti pris la critique de textes proprement dite. Ils savent avec quel soin minutieux il examina, à ce point de vue, les documents de l'époque franque, et combien de découvertes de détail il dut à ce merveilleux instinct critique, à cette perspicacité naturelle, qui compensaient, chez lui, l'insuffisance de l'éducation paléographique. L'introduction du livre intitulé : *la Monarchie franque*, prouve assez l'importance qu'il attachait à ces questions. Il pensait, il est vrai, que, si la critique des textes est une préparation nécessaire au travail historique, il ne faut y voir qu'un instrument, non un but, et ne point s'y absorber de telle façon qu'on n'ait plus le temps de faire le reste, c'est-à-dire le principal. Il était loin de dédaigner cette érudition spéciale. Mais, tout en l'appréciant à sa valeur, il croyait qu'on pouvait être un véritable historien sans pratiquer les manuscrits.

Il est une autre critique que les amis et les élèves de M. Fustel accepteront encore, je crois, moins aisément. On a dit que « les tendances absolues et simplistes de son esprit l'empêchaient d'apercevoir la complexité des faits, et qu'il introduisait la lumière dans les questions historiques, aux dépens de la vérité, de la couleur et de la vie. » Ici, Messieurs, il faut s'entendre et distinguer.

Il est trop certain que pour aboutir à un résultat et arriver à se faire comprendre, l'historien est fatalement obligé de sacrifier une partie de la vérité. Quelles que soient l'étendue et la force de son intelligence, il ne peut avoir la prétention de représenter, avec la fidélité d'une reproduction photographique, l'infinie diversité, la réalité touffue, l'enchevêtrement inextricable des faits sociaux. L'esprit humain a des bornes : il doit choisir, et, tout en s'efforçant d'embrasser, dans ses recherches, la totalité des phénomènes historiques, se résoudre à ne mettre en lumière que ce qui lui paraît caractéristique et essentiel. Nous péchons tous par cet endroit : quoi que nous fassions, il y aura toujours quelque chose d'artificiel et de subjectif, en histoire comme en tout autre domaine, dans notre manière d'exprimer la vie. Admettons que M. Fustel de Coulanges ait, dans *la Cité Antique*, poussé la simplification à l'excès ; qu'il se soit fait illusion sur la possibilité de ramener au culte des ancêtres, comme à une source unique, toutes les institutions de l'antiquité. On reconnaîtra au moins que cette théorie contient une grande part de vérité, et que, si elle n'atteint pas la réalité tout entière, elle donne de la société grecque et romaine une conception juste à beaucoup d'égards, mais, de plus, singulièrement vivante et colorée. Le reproche fait à M. Fustel n'est ici qu'en partie fondé. Il

l'est encore beaucoup moins, selon nous, quand on examine les
livres qu'il a consacrés à décrire l'organisme social et politique du
Bas-Empire Romain et des monarchies barbares qui se sont établies
sur ses ruines.

Jamais savant ne s'est mieux rendu compte, au contraire, de la
complexité d'un pareil sujet; personne n'a montré plus souvent et
en meilleurs termes l'absolue nécessité où se trouve l'historien
d'étudier minutieusement, l'une après l'autre, les nombreuses séries
de phénomènes dont l'ensemble constituait la vie sociale à l'époque
de l'invasion barbare et de la royauté mérovingienne. Permettez-
moi de vous rappeler ce que M. Fustel de Coulanges a dit lui-même
du moyen âge et de la féodalité dans la préface de ses *Recherches
sur quelques Problèmes d'Histoire*. « Le moyen âge est difficile à
bien saisir. C'est un corps infiniment vaste, à organes multiples, à
faces changeantes, à vie complexe. La simplicité d'exposition, qui
pouvait être l'exactitude pour les vieilles sociétés, serait ici la plus
grossière des erreurs. Les origines de ce régime sont à elles seules
un grand problème. La féodalité a été la résultante d'une longue
série de faits, d'habitudes, de règles insensiblement établies. Aussi
l'historien qui veut essayer de la comprendre est-il tenu à des recherches infinies sur une période de huit siècles. Il n'a le droit de
rien négliger, parce qu'il ne sait pas à l'avance si tel événement,
telle institution, telle règle de droit public ou privé n'a pas contribué
à la naissance de ce régime. Ce n'est rien encore : pour connaître
les institutions féodales, il faut qu'il connaisse aussi bien et qu'il
distingue les institutions non féodales qui se sont entremêlées et
enchevêtrées avec elles. Aussi tout est à observer et non pas par la
surface seulement : car c'est dans les racines et les dessous des
choses que se trouvent d'ordinaire leurs rapports intimes ou leurs
secrètes différences. De là, pour nous, une foule de problèmes se-
condaires qu'il faut sonder avant d'avancer. »

Celui qui parle ainsi, Messieurs, ne peut être accusé de ramener
les questions d'histoire à des termes d'une simplicité artificielle. Il
n'a fait que se rendre justice quand il a dit de lui-même « Ce que
j'ai le plus volontiers appris à mes élèves, c'est à ne pas croire tout
facile et à ne jamais passer à côté des problèmes sans les apercevoir.
La seule vérité que j'aie tenue à leur persuader, c'est que l'histoire
est la plus difficile des sciences. » Et qu'on ne s'imagine pas que ce
soit là une déclaration platonique, sujette à la destinée de tant
d'autres professions de foi. Relisez une de ces belles dissertations
qui composent le même volume, par exemple celle qui est relative
au Colonat romain. Il serait difficile de citer une étude historique

plus profondément creusée, qui nous fasse mieux pénétrer l'intimité des choses, toucher de plus près la complexité des faits sociaux. On sort de cette lecture avec une vision tellement nette de la multiplicité d'éléments qui constituaient la classe rurale au déclin de l'Empire Romain, avec une sensation si intense de la réalité et de la vie, qu'il semble que l'historien ait atteint là le maximum de ce que peut donner, pour être intelligible à tous, l'analyse des institutions. Je ne connais que deux mémoires historiques qui produisent la même impression, deux chefs-d'œuvre : les *Prolégomènes* de Guérard au polyptique de Saint-Germain-des-Prés, et l'*Étude sur la Condition de la classe agricole en Normandie*, de M. Léopold Delisle.

Messieurs, il y a deux points à considérer dans l'œuvre de M. Fustel de Coulanges, comme dans celle de tout historien : la méthode et les résultats.

Sa méthode pourrait se résumer essentiellement en deux préceptes que voici : l'un négatif : n'apporter dans la science aucune idée préconçue; l'autre positif : se servir comme il convient de l'analyse historique.

M. Fustel n'admettait pas, cela va de soi, que l'historien fût préoccupé d'opinions ou de sentiments étrangers à la science même. Personne n'a signalé avec plus de force les écueils, cachés ou visibles, où se heurte l'esprit de parti. Il exigeait qu'on se tînt aussi éloigné des érudits français, qui ont souvent porté dans l'histoire les préjugés religieux ou politiques, que des érudits allemands, toujours enclins à y introduire leur amour de leur patrie et de leur race, « ce qui vaut peut-être mieux moralement, dit-il, mais ce qui altère autant la vérité. Le patriotisme est une vertu; l'histoire est une science: il ne faut pas les confondre. » Mais M. Fustel va plus loin : il repousse avec énergie tout ce qui ressemble à une opinion formée d'avance, même dans le domaine strictement scientifique. Il ne veut ni préférences, ni idées maîtresses, ni conceptions supérieures. Il faut que l'historien soit absolument indépendant, à l'égard de lui-même, comme à l'égard de tout ce qui l'entoure. Lire les textes ne suffit pas; il faut les lire avant d'avoir arrêté sa conviction : autrement on tombe fatalement dans ce que M. Fustel appelle « la méthode subjective ». Et l'on sait ce qu'il entend par là, avec quelle finesse spirituelle il a défini cette voie dangereuse dans laquelle sont venus s'engager tant de fois les savants les plus sincèrement épris de la vérité. « Entre le texte et l'esprit prévenu qui le lit, dit-il, il s'établit une sorte de conflit inavoué : l'esprit se refuse à saisir ce qui est contraire à son idée; et le résultat ordinaire de ce conflit n'est pas que l'esprit se rende à l'évidence du texte, mais plutôt que le texte cède, plie, s'accommode à l'opinion préconçue par l'esprit. On croit regarder un objet, et c'est sa propre idée que l'on regarde. On croit observer un fait, et ce fait prend tout de suite la couleur et le sens que l'esprit veut qu'il ait. C'est cette méthode subjective qui a produit les singulières divergences que l'on remarque entre des historiens également érudits, également sincères, mais diversement prévenus. »

L'historien, d'après M. Fustel de Coulanges, n'est donc capable d'arriver à une connaissance objective de la vérité que s'il a débarrassé son esprit de toutes préoccupations extérieures, et même de toutes conceptions antérieures. Il peut alors aborder l'analyse historique, instrument sûr mais délicat, que le premier venu ne sait pas manier. L'analyse consiste à examiner par le menu chacun des éléments d'un texte, à établir le sens de chaque mot, à dégager la vraie pensée de celui qui a écrit. L'opération paraît facile; mais, comme l'a dit M. Fustel, « beaucoup en parlent, peu la pratiquent ». Tirer d'un texte tout ce qui s'y trouve, et ne pas y introduire ce qui ne s'y trouve pas, n'est point une tâche aussi simple et aussi commode qu'elle en a l'air. Il faut surtout se garder de remplacer l'analyse par le rapprochement. La méthode de comparaison n'est légitime que lorsque les deux textes qu'on rapproche ont été analysés rigoureusement et isolément. Pour qu'elle soit féconde, il faut qu'il y ait entre eux « un rapport certain, un lien visible, un point de jonction ». M. Fustel ne repousse pas le rapprochement opéré dans ces conditions; mais toutes ses préférences sont pour la méthode analytique, qui ne trompe jamais. « L'analyse, a-t-il dit, est le meilleur instrument de la science; le rapprochement n'est parfois qu'un joli et gracieux chemin pour glisser dans l'erreur. » En somme, pour lui, l'unique habileté du savant consiste à tirer des documents tout ce qu'ils contiennent et à n'y rien ajouter de ce qu'ils ne contiennent pas. « Le meilleur des historiens, dit-il encore, est celui qui se tient le plus près des textes, qui les interprète avec le plus de justesse, qui n'écrit et même ne pense que d'après eux. »

Tels sont les principes de M. Fustel de Coulanges. Je ne soutiendrai pas qu'il ait toujours réussi lui-même à les appliquer, qu'il n'ait jamais donné l'exemple de la conception préconçue et du procédé systématique; qu'il soit resté constamment, comme il l'a recommandé tant de fois aux autres, à égale distance du germanisme et du romanisme, dans ce juste milieu qu'on aperçoit toujours très bien, mais où il n'est pas facile de se tenir en équilibre. On ne peut nier que dans ses livres l'équilibre n'ait été souvent rompu au profit des partisans de l'influence romaine. La « méthode subjective » a quelquefois pris sa revanche sur celui qui la condamnait. Mais connaissons-nous beaucoup d'hommes qui se flattent d'avoir toujours pu agir d'une manière conforme à leur idéal? Après tout, Messieurs (et voilà le point essentiel), les principes de M. Fustel, ce sont aussi les nôtres; ceux de tous les historiens qui ont le sentiment de la dignité de l'histoire et le respect de la vérité. Comment ne pas y adhérer, puisque nous y retrouvons le fondement même de la critique historique? Sa méthode n'est donc pas aussi personnelle, aussi originale qu'on a voulu le dire, que lui-même peut-être le croyait. Ses principes ne lui appartiennent pas en propre; mais il n'en a pas moins rendu un service signalé au public et à l'histoire en les proclamant souvent, et à haute voix, comme il l'a fait. Nous voyons encore aujourd'hui trop d'historiens s'inspirer de préoccupations étrangères à l'idée scientifique; trop d'ouvrages destinés à faire illusion par une érudition superficielle ou mensongère; trop de demi-savants qui trouvent avantage à remplacer la connaissance des textes par celle de la bibliographie. Nous pouvons et nous devons applaudir à la méthode de M. Fustel, parce qu'elle est la vraie; à sa critique, parce qu'elle a fait de salutaires exemples. Le reproche qu'on est en droit de lui adresser, ce n'est pas d'avoir quelquefois négligé ses principes, c'est bien plutôt, à notre avis, d'en avoir exagéré l'application.

Je ne crois pas qu'il ait existé de conscience d'historien plus sensible, plus délicate, plus timorée que la sienne. Jamais on n'a poussé au même degré la crainte de l'érudition fausse ou simplement empruntée, la défiance du traditionnel et du convenu. Dans toutes les questions qu'il touchait, il se croyait obligé de pratiquer le doute méthodique de Descartes; il s'imposait cette tâche redoutable : faire table rase des opinions émises avant lui et reconstruire à nouveau, de toutes pièces, la doctrine historique. Non seulement il répugnait à employer les travaux de l'école d'érudition contemporaine, surtout ceux de la science allemande, mais encore, pendant fort longtemps, il s'est refusé même à les citer. Dans ses derniers livres, il les cite, mais c'est le plus souvent pour les réfuter. Il ne faut pas se dissimuler, Messieurs, que ce parti pris de scepticisme, cette exagération d'indépendance, cet amour demesuré de l'originalité et de l'isolement scientifique ont nui à M. Fustel et compromis, aux yeux de certains juges, la solidité même de son œuvre. Ses adversaires en ont profité pour contester ce qui n'est pas douteux : l'autorité de ses jugements et la valeur de ses recherches. Mais on se tromperait singulièrement en attribuant à l'orgueil ou au dédain ce qui n'était chez lui que défiance et scrupule. Il est, en vérité, si commode d'abuser du *magister dixit* et d'économiser sa peine en prodiguant la science d'autrui, qu'il faut réserver notre indulgence pour ceux qui ont cédé, plus qu'il ne fallait, à la tendance contraire. M. Fustel avait une telle passion de la vérité, une telle peur de la compromettre, qu'il ne se fiait absolument qu'à lui-même pour la découvrir et l'atteindre. En somme, il a péché surtout par excès de critique, ce qui est encore, pour un historien, la meilleure manière d'être dans son tort.

Il avait une haute idée de l'histoire, et vous savez qu'à plusieurs reprises il a essayé de la définir et de la caractériser dans les préfaces de ses livres. Pour lui elle ne se confond pas avec l'érudition pure, avec ce qu'il appelle « la curiosité ». Elle n'est pas l'inventaire minutieux des événements de toute nature qui se sont produits dans le passé. Par là M. Fustel se sépare nettement tout d'abord de ces savants à la vue basse, qui n'apprécient les vérités scientifiques qu'en raison de l'obscurité qui les cache et des difficultés qu'on éprouve à les découvrir. Il ne rabaisse pas l'historien au rôle d'antiquaire ; il ne descend à la minutie de l'analyse que pour donner un fondement solide à ses conclusions générales. Les petits côtés de l'érudition l'ont toujours laissé sceptique et dédaigneux. « Je prie qu'on me pardonne d'écrire *Clovis*, dit-il quelque part. Je pourrais, tout comme un autre, écrire *Clodovech*, et j'en paraîtrais plus savant. Mais nous ne savons pas bien comment Clovis écrivait son nom en langue franque, et nous savons encore moins comment il le prononçait. La forme convenue a cela de bon, que tout le monde sait de quel personnage je veux parler, et, puisqu'il n'est pas possible d'arriver à la forme certaine du nom, on peut se tenir à la forme convenue. L'érudition a des problèmes plus importants à résoudre. » On voit que M. Fustel n'aimait pas les érudits qui semblent mettre leur amour-propre à germaniser la science nationale, calquant leurs livres sur ceux de nos voisins et leur empruntant jusqu'à leur vocabulaire. Il a réagi contre cette mode en prouvant, par son exemple, qu'on peut être très savant sans cesser d'être très français.

Il pensait donc que l'érudition n'est que l'humble servante de l'histoire, et que celle-ci, pour maintenir sa dignité, doit se garder de rapetisser son objet. Mais il ne voulait pas non plus qu'elle sortît de sa sphère pour jouer un rôle qui n'est pas le sien. Il n'admettait pas qu'on la considérât, selon la conception antique, comme un genre particulier de littérature, ni qu'on fît d'elle, suivant une autre formule encore chère à quelques adeptes, une source d'enseignements pour les générations présentes et comme une discipline d'ordre pratique. Sur ce point encore, il a exprimé sa pensée avec une netteté rigoureuse : « L'histoire n'a rien à voir avec l'art ni avec la morale : c'est une science pure. Elle ne consiste pas à raconter avec agrément ou à disserter avec profondeur. Il se peut qu'une certaine philosophie se dégage de cette histoire scientifique ; mais il faut qu'elle s'en dégage naturellement, d'elle-même, presque en dehors de la volonté de l'historien. » Qu'est-ce donc que l'histoire pour M. Fustel de Coulanges ? Il nous l'a dit, Messieurs, plus clairement qu'il ne l'avait fait jusqu'alors, dans son beau livre sur l'*Alleu et le Domaine rural pendant l'Époque mérovingienne*, ce livre dont sa main défaillante corrigeait encore les dernières épreuves quelques jours à peine avant le terme fatal. « L'histoire est la science des sociétés humaines. Son objet est de savoir comment ces sociétés ont été constituées. Elle cherche par quelles forces elles ont été gouvernées, c'est-à-dire quelles forces ont maintenu la cohésion et l'unité de chacune d'elles. Elle étudie les organes dont elles ont vécu, c'est-à-dire leur droit, leur économie politique, leurs habitudes d'esprit, leurs habitudes matérielles, toute leur conception de l'existence. Chacune de ces sociétés fut un être vivant. L'historien doit en décrire la vie. »

Une telle définition de l'histoire se rapproche singulièrement, Messieurs, vous en conviendrez, de celle que les disciples d'Herbert Spencer attribuent à ce qu'ils appellent « la sociologie ». M. Fustel de Coulanges n'aimait pas ce mot, qu'il trouvait barbare ; mais il a su merveilleusement pratiquer la chose. Sans prétentions philosophiques, il pensait, comme nos modernes philosophes, que l'histoire est identique à la science sociale ; que les sociétés humaines peuvent être considérées comme des collectivités organisées, soumises aux mêmes lois vitales que les individus ; que la science sociale est exclusivement une science d'observation où la méthode doit être la même que dans les sciences physiques et naturelles. Il n'a pas disserté en sociologue de profession, sur le déterminisme, sur la dynamique ou sur la statique dans l'histoire ; mais il a fait mieux : il a décrit les états sociaux qui se sont succédé en Gaule depuis la décadence romaine ; montré comment ces états se sont produits les uns les autres ; déterminé la loi de leur genèse et de leur développement. C'est grâce à lui, à ses minutieuses études sur les phénomènes d'ordre politique et économique qui constituaient la vie sociale chez les Gallo-Romains et les Gallo-Francs, qu'on a vu enfin apparaître avec certitude le lien naturel qui existe entre ces deux grandes périodes de l'humanité : l'antiquité et le moyen âge. Mieux que tout autre savant, il aura contribué à démêler les fils innombrables qui relient l'une à l'autre ces deux époques, à saisir et à démontrer la continuité de leurs institutions. Mieux que personne, il aura mis en pleine lumière ce fait capital, qui est la clef de l'étude du haut moyen âge, savoir : l'immutabilité du régime domanial, la permanence de la condition des terres et des personnes appartenant à la couche sociale inférieure, opposée à la mobilité et aux vicissitudes de l'organisme politique, de l'appareil directeur et exploiteur, monarchie ou aristocratie militaire, royauté ou féodalité. S'il est vrai que notre principal devoir soit de chercher à mettre dans l'histoire l'ordre et la suite qui n'y apparaissent pas de prime abord; de réunir les faits épars et de combler les lacunes par la recherche approfondie des causes et l'étude des évolutions, je ne vois pas que personne ait, mieux que Fustel de Coulanges, atteint le but même de la science et mérité le beau nom d'historien.

Est-ce à dire qu'il ait définitivement résolu tous les problèmes de détail qu'il a abordés, que toutes ses conclusions partielles doivent faire loi? Nous sommes loin d'avoir pour lui-même cette prétention. Il a dit quelque part : « Peut-être la question, à force de chercher, nous paraîtra-t-elle plus insoluble. » Plusieurs de ses conclusions sont négatives ; mais la négation raisonnée est déjà un fait de science, et certaines questions historiques ne comporteront pas de longtemps d'autre solution. Il faut songer, en toute justice, aux obstacles particuliers que rencontre l'historien assez hardi, assez sûr de lui-même pour s'attaquer à ce qu'il y a de plus difficile et de plus obscur en histoire, à l'étude des époques de transition. Combien de qualités diverses une semblable tâche n'exige-t-elle pas de celui qui l'entreprend? Une puissance d'analyse exceptionnelle, cette sorte d'ingéniosité ou de flair qui permet de trouver les pistes et de les suivre sans s'égarer ; en même temps, une réelle solidité d'esprit, une science robuste et particulièrement étendue, puisque, pour saisir les liens multiples qui renouent les institutions d'un régime à celles du régime précédent, il faut, de toute nécessité, avoir fait des unes et des autres, un examen approfondi. La période de la monarchie franque est justement une de celles où les difficultés abondent, où l'on ne peut avancer qu'en tâtonnant, où la barbarie des textes rend la vérité peu accessible. Ces obstacles naturels ont été encore multipliés, agrandis par l'excessive fécondité des érudits. Il s'est constitué, sur la plupart des questions que soulève l'étude des institutions mérovingiennes et carolingiennes, toute une métaphysique historique: elles ont provoqué, en Allemagne surtout, une abondance de théories et de conjectures, qui n'est pas précisément pour l'histoire un appoint de richesse. Ce qui était peu clair est devenu ténébreux; ce qui était compliqué, inextricable. Avec son esprit net, sa vue pénétrante, son horreur invincible de l'équivoque et du nuageux, M. Fustel de Coulanges est intervenu dans ce désarroi. Il s'y est comporté, comme le pionnier dans la forêt vierge, émondant, élaguant, abattant à droite et à gauche la végétation exubérante, frayant çà et là de larges sentiers, amenant l'air et la lumière dans cette obscurité touffue. Qui oserait lui reprocher, Messieurs, de n'avoir pas tout déblayé, tout éclairci ? A cette tâche gigantesque les forces d'un seul homme ne pouvaient suffire. Mais nous repoussons l'exagération de ceux qui l'ont accusé d'avoir ajouté simplement ses hypothèses à celles de ses devanciers et de n'avoir détruit tant de systèmes que pour faire prévaloir le sien.

Bien téméraire, d'ailleurs, celui qui voudrait se prononcer, en tous points, sur le fond des choses. Il est de bons esprits qui ne savent si l'on doit se louer ou se chagriner de l'effrayant développement qu'ont pris, depuis un tiers de siècle, l'érudition et la critique historique. « On déploie aujourd'hui, nous disent-ils, une telle ardeur à renverser les théories qui semblaient les mieux établies, à rouvrir les procès qui paraissaient clos, à renouveler les questions que chacun tenait pour épuisées ; on est tellement avide de nouveau et d'imprévu, que, devant le flot toujours montant des documents inédits, des corrections de textes et des interprétations ingénieuses, l'historien se demande avec anxiété s'il vaut la peine de faire un livre, et si le public n'arrivera pas bientôt à douter de la réalité de la science historique. Ils ajoutent que M. Fustel de Coulanges aura peut être contribué, plus que personne, à jeter l'inquiétude dans les esprits. Ne l'a-t-on pas vu, en effet, reprendre des questions déjà cent fois creusées par les historiens, soutenir que les textes ont été jusqu'ici mal interprétés, que les érudits les plus autorisés n'ont fait qu'égarer l'opinion ? Mais qui nous assure que ces questions ne seront pas bientôt reprises une fois de plus, et que, se fondant sur les mêmes textes, l'historien de demain ne fera pas le même reproche à M. Fustel de Coulanges ? »

L'objection est spécieuse, Messieurs ; mais il faut bien prendre son parti de l'instabilité des doctrines historiques. Il serait sans doute plus commode, plus reposant pour nous-mêmes, qu'arrivées à un certain degré de développement les recherches fussent arrêtées, et les conclusions déclarées définitives. Mais l'ennui de changer d'opinion ne doit pas nous faire oublier la nécessité impérieuse du progrès scientifique. Puisqu'il est difficile, en histoire, d'atteindre complètement, du premier coup, les solutions vraies, sachons nous contenter de la certitude produite dans notre esprit par les livres clairs et bien

composés. M. Fustel est le dernier qui ait approfondi certaines questions : c'est un bénéfice éphémère ; mais il a aussi l'avantage, plus
solide et plus durable, d'avoir donné une forme artistique à ses opinions. Après tout, l'avenir appartient aux savants qui se laissent
comprendre, et qui se font lire. L'œuvre de M. Fustel, impérissable
comme monument littéraire, gagnera encore, au point de vue historique, à être consacrée par le temps. Quand la période d'apaisement
sera venue pour les passions scientifiques et les ressentiments per-
sonnels, toute opposition s'évanouira : nul ne sera plus tenté de
refuser à ce profond et ingénieux esprit la place éminente qu'il mérite d'occuper parmi les historiens français.

Messieurs, nous avons atteint, ou peu s'en faut, le terme de notre
première entrevue ; et cependant je ne vous ai rien dit de moi ni de
la méthode que je compte suivre, ni de l'objet même de mon enseignement. Je ne vous ai parlé que de celui qui m'a précédé dans cette
chaire. A la vérité, j'ai voulu qu'aujourd'hui du moins, vous n'em-
portiez d'ici qu'une pensée et qu'un souvenir : celui du maître que
nous avons perdu, et qui tenait une si grande place au milieu de
nous. M. Fustel de Coulanges n'a pas étonné ceux qui le connais-
saient, en défendant qu'on prononçât aucune parole sur sa tombe.
Il nous a refusé lui-même la suprême consolation d'entendre dire de
lui, par des voix plus autorisées que la mienne, tout le bien que
chacun pense de sa personne et de son œuvre. Heureusement qu'il
ne pouvait faire la même défense à son successeur ! C'est bien le
moins que dans cette Sorbonne, où son enseignement fut si goûté et
si fécond, où sa mémoire restera longtemps vivante, quelqu'un
soit venu lui apporter publiquement, devant son auditoire ordinaire,
un légitime tribut de sympathie et de regrets. Ce devoir de piété, ou
plutôt de justice, j'aurais voulu le remplir mieux que je ne l'ai fait :
j'ai parlé de lui simplement et en toute sincérité, comme il vous
parlait lui-même à cette même place ; mais comment ne pas rester
au-dessous d'un pareil sujet ? A vrai dire, Messieurs, il n'y a qu'une
manière efficace de le louer comme il convient : c'est de compter les
admirateurs qu'il a laissés, les élèves qu'il a formés, les livres qu'il
nous lègue, et qui lui survivront.

Paris. — Imprimerie DELALAIN FRÈRES, rue de la Sorbonne, 1 et 3.

www.ingramcontent.com/pod-product-compliance
Lightning Source LLC
LaVergne TN
LVHW011438170726
843501LV00009B/3265